Thank you for your valued business! Should you have any inquiries, issues, or ideas to share, please feel free to reach out to us directly at chamrocksdesigns@gmail.com.

To discover additional activity books by our brand, simply scan the QR code provided below:

Thank You!

CHAMROCKS DESIGNS

Themed Word Searches

Solutions
Page 18

Words Related to "Fall"

PUZZLE 1

A	U	T	U	M	N	R	I	Z	E	O	X	P	Y	L
N	P	X	C	U	V	B	H	K	I	F	J	T	L	V
K	V	P	W	S	V	T	A	Z	L	Z	D	S	D	V
L	V	E	L	W	S	C	L	D	B	M	M	L	U	N
D	E	C	J	E	C	C	L	M	H	Y	Z	P	M	Q
R	W	A	V	A	X	E	O	I	S	X	D	Z	I	V
T	G	R	V	T	Y	Q	W	Z	Z	G	H	S	W	H
B	A	Q	C	E	I	H	E	S	Y	N	T	N	E	A
H	O	D	C	R	S	Q	E	F	D	I	F	Z	T	T
P	H	N	V	E	I	I	N	J	D	D	V	I	S	S
W	P	I	F	B	N	S	Q	L	U	Z	K	Z	Y	E
S	D	B	U	I	I	U	P	U	M	P	K	I	N	H
O	Z	H	Z	U	R	D	Y	J	K	P	R	W	I	L
G	B	W	C	U	O	E	O	Y	U	F	I	X	A	P
G	C	J	M	O	K	D	W	I	I	G	K	R	B	K

Autumn
Leaves
Harvest
Sweater
Pumpkin

Crisp
Apple
Bonfire
Halloween
Cozy

Solutions Page 18

Words Related to the "Cold"

PUZZLE 2

S	H	I	V	E	R	Y	I	E	P	D	V	G	K	O
Z	N	U	M	B	R	E	R	R	A	K	E	H	D	F
F	M	O	M	J	L	P	L	V	N	T	P	L	W	K
J	I	O	W	C	R	I	B	D	E	P	Z	Q	C	O
H	B	R	I	J	H	C	A	C	B	O	U	M	M	Y
P	L	C	E	H	H	I	N	V	D	C	G	I	I	L
S	I	C	E	W	F	A	L	A	Q	N	V	H	B	D
D	Z	D	R	W	P	I	V	L	W	O	W	B	T	T
X	Z	V	W	I	B	E	N	Z	Y	I	Y	J	Y	K
D	A	W	B	N	N	E	Z	R	R	O	A	E	D	W
F	R	O	S	T	F	U	H	K	T	M	J	Y	C	I
F	D	F	R	E	E	Z	I	N	G	D	P	I	H	H
S	E	U	F	R	G	L	M	T	I	K	W	K	B	F
W	R	T	E	Y	S	S	Y	F	X	O	L	A	N	V
J	O	Q	J	K	V	V	K	X	P	U	I	N	B	J

Chilly
Frost
Snow
Ice
Freezing

Shiver
Winter
Icicle
Blizzard
Numb

Solutions
Page 18

Words Related to the "Beach"

PUZZLE 3

I	V	Z	A	W	E	W	M	P	Y	H	E	S	Y	C
F	F	C	P	D	Z	L	W	U	W	S	S	K	X	D
N	Q	P	R	N	T	Q	D	E	D	E	U	V	E	F
S	W	I	M	S	U	I	T	J	V	A	R	N	D	G
K	O	S	G	U	W	C	Z	U	U	S	F	Q	G	W
Y	F	E	L	N	H	T	Y	Z	M	H	B	J	Q	R
Y	H	Z	A	S	B	G	K	Y	B	E	O	Q	Q	T
N	L	W	E	C	W	R	N	P	R	L	A	X	X	N
U	E	Z	Z	R	S	J	X	L	E	L	R	K	W	U
Q	T	P	S	E	A	G	U	L	L	S	D	K	W	H
W	A	S	J	E	N	S	P	G	L	F	S	S	A	O
C	X	H	L	N	D	T	B	E	A	C	H	S	V	U
L	M	V	B	C	X	N	M	G	T	Y	W	S	E	H
U	P	V	N	W	N	F	Y	O	Y	G	H	U	S	U
O	C	K	A	Y	Z	E	X	L	U	Y	V	W	F	I

Beach
Sand
Sun
Waves
Seashells
Umbrella
Swimsuit
Sunscreen
Seagulls
Surfboard

Solutions
Page 18

Words Related to the "Zoo"

PUZZLE 4

V	O	I	G	D	N	P	V	D	W	N	D	R	J	O
D	M	X	E	B	R	U	Q	P	V	R	W	B	I	T
O	E	J	J	O	P	H	G	G	E	K	N	V	Z	I
F	U	T	Z	I	H	L	F	K	G	N	E	S	F	G
W	S	G	O	R	I	L	L	A	B	Y	G	M	P	E
G	L	G	H	Y	N	M	O	N	K	E	Y	U	L	R
D	P	C	B	H	X	C	K	G	J	C	M	I	I	Z
X	W	I	E	L	E	P	H	A	N	T	D	P	O	N
Q	C	I	A	R	E	R	Z	R	W	O	G	I	N	T
U	H	J	S	X	V	F	E	O	C	V	T	F	K	Y
I	C	I	V	U	G	B	B	O	A	P	G	Q	V	E
Z	Y	W	Z	X	G	I	R	A	F	F	E	F	U	Z
D	H	C	A	J	O	C	A	D	S	B	P	K	G	E
Z	Y	I	I	X	Q	E	I	E	N	Q	N	O	Y	X
J	V	V	Z	P	Y	E	U	F	V	K	R	X	I	O

Lion
Elephant
Giraffe
Tiger
Monkey

Kangaroo
Zebra
Penguin
Gorilla
Crocodile

Solutions
Page 19

Words Related to "Verbs"

PUZZLE 5

N	Q	L	Q	I	G	N	T	C	T	D	A	N	C	E
Y	R	N	I	N	W	L	I	R	I	Z	U	X	T	S
I	C	N	I	F	U	L	K	D	A	Q	U	I	T	O
I	E	S	L	E	E	P	I	D	B	M	R	F	H	L
I	H	P	V	W	N	F	N	S	Q	W	C	U	I	J
T	B	E	V	I	J	D	C	T	I	S	P	X	N	B
T	U	A	N	H	Z	O	G	N	O	L	J	B	K	G
Q	S	K	P	X	R	M	X	G	A	J	M	N	W	Z
Z	Z	S	X	T	S	J	T	D	S	U	R	F	T	C
W	W	F	P	L	H	C	N	K	E	M	K	A	D	A
U	S	I	A	L	Z	P	G	U	Q	P	S	R	R	N
N	A	X	S	Y	K	B	K	V	W	E	A	T	B	O
X	M	P	O	N	T	P	R	E	A	D	J	Y	K	K
R	U	T	N	P	B	O	X	U	P	P	A	K	H	S
B	S	Y	K	X	L	Y	W	C	C	R	G	D	Z	B

Run
Jumped
Speak
Eat
Write

Dance
Sing
Read
Sleep
Think

Solutions Page 19

Words Related to "Nouns"

PUZZLE 6

X	Q	D	D	M	D	T	C	K	G	P	Q	H	I	I
L	M	E	O	D	O	G	N	R	X	C	T	F	Z	Y
Q	P	A	G	Y	Z	Z	L	S	R	Q	C	C	Y	O
L	H	U	F	R	B	S	R	D	E	K	O	B	Z	N
K	X	N	F	D	M	J	Z	R	R	I	X	P	T	W
C	L	P	D	M	V	Z	A	I	W	Y	X	X	C	B
N	K	Y	L	F	H	S	P	X	V	N	B	B	I	O
C	N	I	E	D	Y	G	B	Z	E	Z	Y	T	N	O
R	L	W	E	J	C	O	M	P	U	T	E	R	E	K
E	P	M	W	E	G	A	K	M	S	H	O	E	S	J
L	D	N	O	U	B	K	R	M	W	M	F	E	U	Z
S	U	Y	Q	A	O	L	Z	Y	O	F	W	V	N	K
O	Q	M	P	L	Y	G	Y	R	O	T	M	D	O	K
E	W	C	E	O	K	E	Q	C	H	A	I	R	J	Q
V	V	P	V	K	O	V	P	H	C	A	E	P	U	A

Dog
Car
Book
Tree
Computer

Chair
Pen
Sun
Coffee
Shoes

Solutions
Page 19

Words Related to "Adjectives"

PUZZLE 7

L	S	K	K	N	L	N	V	J	C	V	D	V	F	Q
I	G	E	N	T	L	E	M	F	T	I	U	I	Q	B
U	L	I	G	W	N	N	Y	P	G	X	C	B	O	R
B	Y	J	H	V	Q	C	S	M	N	J	G	R	T	O
N	T	M	P	G	F	H	T	A	S	L	H	A	X	P
R	H	C	O	D	R	A	E	L	E	G	A	N	T	X
X	P	M	W	Z	H	N	R	M	D	S	P	T	Z	Y
Y	R	B	E	A	U	T	I	F	U	L	P	I	D	S
N	R	T	R	T	C	I	O	A	J	A	Y	W	J	C
T	M	H	F	A	C	N	U	E	S	Z	O	P	U	U
T	H	A	U	P	V	G	S	U	H	H	C	B	D	T
W	D	Q	L	J	D	E	L	I	C	I	O	U	S	J
O	W	O	O	P	Q	E	S	R	L	X	T	F	R	T
O	Y	T	X	L	S	M	G	C	S	U	H	Z	Z	P
D	L	V	I	K	S	B	F	E	D	C	I	Y	J	K

Beautiful
Happy
Brave
Elegant
Enchanting

Gentle
Powerful
Mysterious
Delicious
Vibrant

Solutions
Page 19

Words Related to "Travel"

PUZZLE 8

N	H	Q	D	R	W	S	O	X	N	U	Y	Z	V	J
M	X	K	S	E	Z	D	I	L	B	S	U	S	C	X
N	G	Z	N	Y	D	W	H	Y	A	N	K	I	Q	P
L	D	H	U	S	I	N	A	M	C	U	U	G	O	Q
R	E	I	V	X	S	W	D	J	K	Y	E	H	L	W
T	S	J	V	I	C	B	V	Q	P	O	H	T	Z	C
N	T	O	K	T	O	E	E	P	A	Z	N	S	U	C
T	I	U	S	I	V	X	N	A	C	I	P	E	Y	G
A	N	R	I	N	E	P	T	S	K	I	W	E	P	R
W	A	N	D	E	R	L	U	S	T	S	A	I	A	X
Z	T	E	J	R	Y	O	R	P	Y	T	V	N	Q	F
D	I	Y	E	A	G	R	E	O	M	R	G	G	E	R
D	O	O	S	R	E	E	E	R	B	I	F	F	W	L
M	N	E	B	Y	X	O	Z	T	C	P	K	P	O	A
H	D	M	F	L	S	T	J	B	E	F	L	C	Z	W

Adventure
Explore
Journey
Wanderlust
Destination
Passport
Backpack
Itinerary
Sightseeing
Discovery

Solutions
Page 20

Words Related to "Sports"

PUZZLE 9

X	J	S	Z	T	O	V	J	R	U	G	B	Y	V	S
W	H	R	C	C	B	A	B	V	G	N	O	B	O	W
X	F	U	N	X	F	A	H	Y	F	F	T	L	L	I
V	M	O	H	X	N	E	S	U	R	G	L	L	F	M
D	R	B	E	I	R	U	Y	E	Y	A	A	C	T	M
Y	G	G	A	D	Y	M	C	W	B	B	T	J	N	I
L	P	R	O	V	P	C	O	T	Y	A	H	T	D	N
H	C	T	V	K	O	F	O	E	E	S	L	P	E	G
G	L	J	A	S	D	O	L	L	I	K	E	L	U	P
G	N	D	Z	B	F	L	H	N	L	E	T	S	S	C
J	P	M	B	F	O	F	N	V	U	T	I	R	E	K
W	U	Z	I	V	H	E	Q	X	E	B	C	K	L	F
T	F	J	A	P	T	D	G	U	I	A	S	C	R	D
U	Z	R	E	F	D	E	J	U	P	L	F	J	T	E
R	U	R	N	O	H	Q	E	W	H	L	R	F	P	R

Football
Basketball
Soccer
Tennis
Swimming

Golf
Volleyball
Baseball
Rugby
Athletics

Solutions
Page 20

Words Related to "Space"

PUZZLE 10

Z	S	V	P	D	I	U	K	Z	U	T	Q	Q	Z	U
H	U	S	N	W	N	R	S	G	U	E	R	W	Z	Y
G	P	V	B	Z	R	P	L	A	N	E	T	K	F	Z
J	E	T	S	L	Z	I	N	D	M	P	E	Q	U	Q
R	R	J	N	T	A	O	D	O	Q	L	P	U	R	L
S	N	T	V	Z	R	C	N	Q	E	C	J	Z	S	L
C	O	M	E	T	H	O	K	J	K	Q	U	P	P	B
O	V	T	S	L	R	F	T	H	Y	G	P	M	A	B
L	A	A	N	T	E	F	P	L	O	A	I	N	C	S
I	G	V	S	L	H	S	Y	A	W	L	T	A	E	R
Y	N	A	F	F	N	G	C	G	S	A	E	X	S	R
O	X	G	V	V	F	K	G	O	H	X	R	T	H	A
T	P	G	C	A	O	Z	J	R	P	Y	B	S	I	T
N	V	L	G	V	Y	H	Y	W	N	E	V	E	P	L
A	Z	P	C	O	T	P	G	R	E	X	Z	D	M	S

Astronaut
Planet
Galaxy
Comet
Telescope

Spaceship
Supernova
Black hole
Astronomer
Jupiter

Solutions Page 20

Words Related to the Color "Red"

PUZZLE 11

V	P	X	U	L	Y	R	G	O	B	W	J	K	P	A
M	O	M	V	X	W	N	U	D	E	K	C	H	N	Q
M	A	U	M	E	Z	P	H	Y	E	I	T	P	L	H
J	O	R	D	M	F	I	R	E	T	R	U	C	K	H
G	U	E	D	L	K	R	A	S	G	Q	T	N	H	R
E	P	H	U	M	E	R	P	T	O	M	A	T	O	M
C	S	K	Z	H	S	I	P	R	S	Z	B	N	N	H
V	Q	Q	C	C	L	B	L	A	S	L	J	O	J	G
O	F	B	Z	B	K	V	E	W	A	O	C	A	R	K
P	V	V	L	K	M	J	S	B	C	L	R	R	B	B
O	P	J	D	C	C	V	D	E	E	Y	T	R	Q	P
F	N	Z	E	V	Y	G	C	R	I	M	S	O	N	N
F	X	Z	Y	B	A	O	M	R	U	T	J	S	I	A
I	H	K	F	Z	X	P	O	Y	L	B	R	E	X	S
T	X	D	E	C	H	W	S	U	O	J	Y	S	J	E

Ruby
Cherry
Firetruck
Strawberry
Rose

Apple
Crimson
Tomato
Beet
Lipstick

Solutions
Page 20

Words Related to "Objects in a Home"

PUZZLE 12

P	G	G	W	J	R	I	F	O	H	P	G	U	I	N
W	F	D	N	C	L	O	C	K	X	W	I	X	U	N
Q	T	T	M	B	H	T	T	R	H	I	A	O	R	D
S	K	R	E	F	S	A	O	E	Z	D	R	V	R	G
J	I	V	K	I	G	R	I	F	J	N	L	J	T	X
O	T	N	N	W	R	Z	L	R	O	H	Z	F	B	K
C	G	R	C	I	E	U	J	I	Y	Y	C	F	R	L
Y	W	A	M	T	F	F	S	G	U	Z	N	C	L	S
E	D	E	G	N	S	I	B	E	D	P	B	I	X	S
E	Q	E	E	R	V	Z	U	R	M	Z	M	N	V	C
Y	C	L	N	E	U	A	G	A	K	P	E	F	J	S
A	Q	E	L	S	K	K	L	T	A	B	L	E	E	O
J	N	E	F	S	J	B	O	O	K	S	H	E	L	F
P	T	A	N	V	F	N	P	R	X	X	C	F	C	A
U	Z	X	B	B	N	C	A	L	U	E	A	U	B	O

Chair
Table
Lamp
Sofa
Television

Refrigerator
Bed
Clock
Bookshelf
Mirror

Solutions
Page 21

Words Related to "Fear"

PUZZLE 13

K	P	C	E	Y	U	C	W	H	P	W	Q	P	W	D
H	C	D	L	P	K	P	P	S	G	M	Y	L	M	O
J	T	W	J	Q	C	L	Y	U	O	B	P	N	V	O
T	F	H	U	B	G	K	L	Q	U	R	T	I	X	T
U	Z	K	X	M	O	W	Q	S	K	T	E	G	G	D
T	F	F	A	O	V	I	O	T	D	J	R	H	A	O
B	V	M	P	H	O	B	I	A	Y	S	R	T	W	E
A	X	S	P	A	C	Z	E	R	N	Q	I	M	V	C
B	W	C	F	Y	N	R	L	T	U	X	F	A	N	B
O	O	V	F	P	D	I	I	L	F	H	I	R	X	E
T	E	X	Z	T	Z	L	C	E	J	W	E	E	Q	B
T	O	K	Y	U	M	M	E	B	D	G	D	H	T	K
K	D	A	Z	L	O	J	U	C	C	R	E	E	P	Y
M	C	Y	D	X	I	F	M	B	Y	W	A	U	Z	L
T	R	E	M	B	L	I	N	G	H	U	W	T	D	V

Phobia
Terrified
Anxiety
Dread
Trembling
Nightmare
Panic
Startle
Creepy
Spooky

Solutions Page 21

Words Related to "Feelings"

PUZZLE 14

P	X	F	Z	C	C	L	S	U	C	A	U	S	U	E
K	S	B	J	C	G	B	N	H	G	E	N	R	S	E
V	H	K	I	R	E	V	O	C	V	U	X	I	S	D
G	D	L	P	W	X	O	C	O	M	E	R	S	G	N
K	J	Z	Z	P	C	B	L	N	P	P	Z	M	L	X
Q	L	J	U	J	I	Z	E	F	R	Z	M	Z	X	D
Y	V	L	R	T	T	D	A	U	M	M	O	U	A	Y
R	V	Y	T	I	E	T	S	S	R	V	R	F	V	E
N	T	T	N	A	M	T	U	I	N	E	N	G	B	E
E	K	V	V	L	E	Y	P	O	G	L	B	Q	J	W
R	D	F	C	O	N	T	E	N	T	M	E	N	T	G
E	G	G	H	S	T	S	A	D	N	E	S	S	A	H
E	A	J	N	L	T	U	C	G	M	S	Q	R	U	I
M	X	F	X	U	T	F	E	A	R	N	E	X	C	J
U	N	P	H	G	Z	I	E	W	G	J	O	Y	V	M

Joy
Sadness
Anger
Love
Fear
Excitement
Peace
Confusion
Contentment
Surprise

Solutions
Page 21

Words Related to "Anger"

PUZZLE 15

B	E	W	G	N	O	M	M	I	K	C	I	L	K	O
M	X	Z	Z	N	T	V	J	D	Z	H	N	J	V	G
W	A	P	S	M	P	M	K	X	O	C	N	I	M	Q
T	S	X	N	P	R	A	O	C	V	M	H	B	H	Y
W	P	Z	A	I	R	R	I	T	A	T	I	O	N	F
R	E	F	M	U	M	J	W	V	Y	D	T	O	A	K
X	R	Z	L	I	S	P	J	A	N	G	E	R	N	C
U	A	G	G	R	A	V	A	T	I	O	N	X	N	R
U	T	S	T	S	U	G	F	T	O	F	S	M	O	B
P	I	C	I	T	R	H	D	Y	I	O	I	Q	Y	U
S	O	W	Z	R	R	Y	M	V	T	E	O	O	A	O
T	N	E	R	E	S	E	N	T	M	E	N	T	N	C
N	W	N	S	S	A	D	R	H	S	R	N	C	C	V
U	R	U	B	S	P	L	O	D	D	Y	Y	T	E	C
D	I	S	A	P	P	O	I	N	T	M	E	N	T	V

Anger
Irritation
Disappointment
Impatience
Annoyance

Resentment
Aggravation
Stress
Tension
Exasperation

Solutions Page 21

Words Related to "Careers"

PUZZLE 16

M	A	W	B	T	B	Q	M	K	L	P	O	T	H	K
F	A	M	Z	P	E	O	A	R	T	I	S	T	H	K
H	D	B	V	Y	H	J	H	Y	E	I	H	J	N	K
Y	D	Z	A	W	O	U	T	D	T	A	C	G	P	X
G	I	X	L	F	Q	O	T	N	Y	S	G	R	E	B
D	Q	J	Z	B	D	R	E	E	P	N	V	Q	E	S
T	P	O	Z	A	O	I	S	N	A	R	S	M	A	Q
G	V	E	X	A	C	V	A	G	L	C	S	J	R	M
Q	C	U	A	S	T	A	P	I	P	Z	H	J	K	S
T	T	L	A	A	O	H	Y	N	F	I	R	E	W	N
A	M	P	D	Z	R	C	L	E	E	X	L	U	R	U
N	K	X	V	A	G	Z	H	E	L	F	Z	O	I	R
C	S	C	P	Y	N	C	C	R	T	S	X	V	T	B
U	F	I	F	W	N	L	A	W	Y	E	R	D	E	S
W	D	U	F	W	A	U	Y	S	E	B	O	T	R	R

Doctor
Engineer
Teacher
Lawyer
Artist
Scientist
Chef
Pilot
Writer
Athlete

Solutions
Page 22

Words Related to "Pets"

PUZZLE 17

B	I	R	D	O	S	X	B	Z	C	G	E	J	T	L
S	N	A	K	E	Y	T	I	Z	U	D	K	A	K	S
F	A	B	C	J	E	Y	M	D	H	M	C	F	N	G
H	L	B	T	E	E	S	Q	O	C	E	X	K	T	S
G	U	I	N	E	A	P	I	G	B	Z	F	Y	I	J
O	D	T	Z	H	U	G	R	G	M	J	T	D	N	V
T	Y	V	E	A	Q	Z	E	U	C	N	H	G	U	U
H	K	H	F	M	R	T	O	Y	D	R	K	F	L	B
C	Y	S	I	S	W	D	Z	Q	C	R	U	I	W	W
I	F	T	N	T	G	B	W	O	L	X	Z	S	B	B
O	J	Y	W	E	U	P	H	L	S	P	X	H	G	C
T	Q	H	P	R	S	R	C	M	N	K	W	O	U	L
X	P	O	X	P	F	Y	T	Q	G	I	P	S	G	B
N	L	E	T	H	N	L	M	L	K	O	Z	T	U	M
O	R	R	V	D	K	S	R	W	E	V	Z	S	H	L

Dog
Cat
Fish
Bird
Rabbit

Hamster
Guinea pig
Turtle
Snake
Lizard

Themed Word Searches

SOLUTIONS

Words Search Solutions:

"Fall" Puzzle 1

A	U	T	U	M	N	R	I	Z	E	O	X	P	Y	L
N	P	X	C	U	V	B	H	K	I	F	J	T	L	V
K	V	P	W	S	V	T	A	Z	L	Z	D	S	D	V
L	V	E	L	W	S	C	L	D	B	M	M	L	U	N
D	E	C	J	E	C	C	L	M	H	Y	Z	P	M	Q
R	W	A	V	A	X	E	O	I	S	X	D	Z	I	V
T	G	R	V	T	Y	Q	W	Z	Z	G	H	S	W	H
B	A	Q	C	E	I	H	E	S	Y	N	T	N	E	A
H	O	D	C	R	S	Q	E	F	D	I	F	Z	T	T
P	H	N	V	E	I	I	N	J	D	D	V	I	S	S
W	P	I	F	B	N	S	Q	L	U	Z	K	Z	Y	E
S	D	B	U	I	I	U	P	U	M	P	K	I	N	H
O	Z	H	Z	U	R	D	Y	J	K	P	R	W	I	L
G	B	W	C	U	O	E	O	Y	U	F	I	X	A	P
G	C	J	M	O	K	D	W	I	I	G	K	R	B	K

"Cold" Puzzle 2

S	H	I	V	E	R	Y	I	E	P	D	V	G	K	O
Z	N	U	M	B	R	E	R	R	A	K	E	H	D	F
F	M	O	M	J	L	P	L	V	N	T	P	L	W	K
J	I	O	W	C	R	I	B	D	E	P	Z	Q	C	O
H	B	R	I	J	H	C	A	C	B	O	U	M	M	Y
P	L	C	E	H	H	I	N	V	D	C	G	I	I	L
S	I	C	E	W	F	A	L	A	Q	N	V	H	B	D
D	Z	D	R	W	P	I	V	L	W	O	W	B	T	T
X	Z	V	W	I	B	E	N	Z	Y	I	Y	J	Y	K
D	A	W	B	N	N	E	Z	R	R	O	A	E	D	W
F	R	O	S	T	F	U	H	K	T	M	J	Y	C	I
F	D	F	R	E	E	Z	I	N	G	D	P	I	H	H
S	E	U	F	R	G	L	M	T	I	K	W	K	B	F
W	R	T	E	Y	S	S	Y	F	X	O	L	A	N	V
J	O	Q	J	K	V	V	K	X	P	U	I	N	B	J

"Beach" Puzzle 3

I	V	Z	A	W	E	W	M	P	Y	H	E	S	Y	C
F	F	C	P	D	Z	L	W	U	W	S	S	K	X	D
N	Q	P	R	N	T	Q	D	E	D	E	U	V	E	F
S	W	I	M	S	U	I	T	J	V	A	R	N	D	G
K	O	S	G	U	W	C	Z	U	U	S	F	Q	G	W
Y	F	E	L	N	H	T	Y	Z	M	H	B	J	Q	R
Y	H	Z	A	S	B	G	K	Y	B	E	O	Q	Q	T
N	L	W	E	C	W	R	N	P	R	L	A	X	X	N
U	E	Z	Z	R	S	J	X	L	E	L	R	K	W	U
Q	T	P	S	E	A	G	U	L	L	S	D	K	W	H
W	A	S	J	E	N	S	P	G	L	F	S	S	A	O
C	X	H	L	N	D	T	B	E	A	C	H	S	V	U
L	M	V	B	C	X	N	M	G	T	Y	W	S	E	H
U	P	V	N	W	N	F	Y	O	Y	G	H	U	S	U
O	C	K	A	Y	Z	E	X	L	U	Y	V	W	F	I

"Zoo" Puzzle 4

V	O	I	G	D	N	P	V	D	W	N	D	R	J	O
D	M	X	E	B	R	U	Q	P	V	R	W	B	I	T
O	E	J	J	O	P	H	G	G	E	K	N	V	Z	I
F	U	T	Z	I	H	L	F	K	G	N	E	S	F	G
W	S	G	O	R	I	L	L	A	B	Y	G	M	P	E
G	L	G	H	Y	N	M	O	N	K	E	Y	U	L	R
D	P	C	B	H	X	C	K	G	J	C	M	I	I	Z
X	W	I	E	L	E	P	H	A	N	T	D	P	O	N
Q	C	I	A	R	E	R	Z	R	W	O	G	I	N	T
U	H	J	S	X	V	F	E	O	C	V	T	F	K	Y
I	C	I	V	U	G	B	B	O	A	P	G	Q	V	E
Z	Y	W	Z	X	G	I	R	A	F	F	E	F	U	Z
D	H	C	A	J	O	C	A	D	S	B	P	K	G	E
Z	Y	I	I	X	Q	E	I	E	N	Q	N	O	Y	X
J	V	V	Z	P	Y	E	U	F	V	K	R	X	I	O

Words Search Solutions:

"Verbs" Puzzle 5

N	Q	L	Q	I	G	N	T	C	T	D	A	N	C	E
Y	R	N	I	N	W	L	I	R	I	Z	U	X	T	S
I	C	N	I	F	U	L	K	D	A	Q	U	I	T	O
I	E	S	L	E	E	P	I	D	B	M	R	F	H	L
I	H	P	V	W	N	F	N	S	Q	W	C	U	I	J
T	B	E	V	I	J	D	C	T	I	S	P	X	N	B
T	U	A	N	H	Z	O	G	N	O	L	J	B	K	G
Q	S	K	P	X	R	M	X	G	A	J	M	N	W	Z
Z	Z	S	X	T	S	J	T	D	S	U	R	F	T	C
W	W	F	P	L	H	C	N	K	E	M	K	A	D	A
U	S	I	A	L	Z	P	G	U	Q	P	S	R	R	N
N	A	X	S	Y	K	B	K	V	W	E	A	T	B	O
X	M	P	O	N	T	P	R	E	A	D	J	Y	K	K
R	U	T	N	P	B	O	X	U	P	P	A	K	H	S
B	S	Y	K	X	L	Y	W	C	C	R	G	D	Z	B

"Nouns" Puzzle 6

X	Q	D	D	M	D	T	C	K	G	P	Q	H	I	I
L	M	E	O	D	O	G	N	R	X	C	T	F	Z	Y
Q	P	A	G	Y	Z	Z	L	S	R	Q	C	C	Y	O
L	H	U	F	R	B	S	R	D	E	K	O	B	Z	N
K	X	N	F	D	M	J	Z	R	R	I	X	P	T	W
C	L	P	D	M	V	Z	A	I	W	Y	X	X	C	B
N	K	Y	L	F	H	S	P	X	V	N	B	B	I	O
C	N	I	E	D	Y	G	B	Z	E	Z	Y	T	N	O
R	L	W	E	J	C	O	M	P	U	T	E	R	E	K
E	P	M	W	E	G	A	K	M	S	H	O	E	S	J
L	D	N	O	U	B	K	R	M	W	M	F	E	U	Z
S	U	Y	Q	A	O	L	Z	Y	O	F	W	V	N	K
O	Q	M	P	L	Y	G	Y	R	O	T	M	D	O	K
E	W	C	E	O	K	E	Q	C	H	A	I	R	J	Q
V	V	P	V	K	O	V	P	H	C	A	E	P	U	A

"Adjectives" Puzzle 7

L	S	K	K	N	L	N	V	J	C	V	D	V	F	Q
I	G	E	N	T	L	E	M	F	T	I	U	I	Q	B
U	L	I	G	W	N	N	Y	P	G	X	C	B	O	R
B	Y	J	H	V	Q	C	S	M	N	J	G	R	T	O
N	T	M	P	G	F	H	T	A	S	L	H	A	X	P
R	H	C	O	D	R	A	E	L	E	G	A	N	T	X
X	P	M	W	Z	H	N	R	M	D	S	P	T	Z	Y
Y	R	B	E	A	U	T	I	F	U	L	P	I	D	S
N	R	T	R	T	C	I	O	A	J	A	Y	W	J	C
T	M	H	F	A	C	N	U	E	S	Z	O	P	U	U
T	H	A	U	P	V	G	S	U	H	H	C	B	D	T
W	D	Q	L	J	D	E	L	I	C	I	O	U	S	J
O	W	O	O	P	Q	E	S	R	L	X	T	F	R	T
O	Y	T	X	L	S	M	G	C	S	U	H	Z	Z	P
D	L	V	I	K	S	B	F	E	D	C	I	Y	J	K

"Travel" Puzzle 8

N	H	Q	D	R	W	S	O	X	N	U	Y	Z	V	J
M	X	K	S	E	Z	D	I	L	B	S	U	S	C	X
N	G	Z	N	Y	D	W	H	Y	A	N	K	I	Q	P
L	D	H	U	S	I	N	A	M	C	U	U	G	O	Q
R	E	I	V	X	S	W	D	J	K	Y	E	H	L	W
T	S	J	V	I	C	B	V	Q	P	O	H	T	Z	C
N	T	O	K	T	O	E	E	P	A	Z	N	S	U	C
T	I	U	S	I	V	X	N	A	C	I	P	E	Y	G
A	N	R	I	N	E	P	T	S	K	I	W	E	P	R
W	A	N	D	E	R	L	U	S	T	S	A	I	A	X
Z	T	E	J	R	Y	O	R	P	Y	T	V	N	Q	F
D	I	Y	E	A	G	R	E	O	M	R	G	G	E	R
D	O	O	S	R	E	E	E	R	B	I	F	F	W	L
M	N	E	B	Y	X	O	Z	T	C	P	K	P	O	A
H	D	M	F	L	S	T	J	B	E	F	L	C	Z	W

Words Search Solutions:

"Sports" Puzzle 9

X	J	S	Z	T	O	V	J	R	U	G	B	Y	V	S
W	H	R	C	C	B	A	B	V	G	N	O	B	O	W
X	F	U	N	X	F	A	H	Y	F	F	T	L	L	I
V	M	O	H	X	N	E	S	U	R	G	L	L	F	M
D	R	B	E	I	R	U	Y	E	Y	A	A	C	T	M
Y	G	G	A	D	Y	M	C	W	B	B	T	J	N	I
L	P	R	O	V	P	C	O	T	Y	A	H	T	D	N
H	C	T	V	K	O	F	O	E	E	S	L	P	E	G
G	L	J	A	S	D	O	L	L	I	K	E	L	U	P
G	N	D	Z	B	F	L	H	N	L	E	T	S	S	C
J	P	M	B	F	O	F	N	V	U	T	I	R	E	K
W	U	Z	I	V	H	E	Q	X	E	B	C	K	L	F
T	F	J	A	P	T	D	G	U	I	A	S	C	R	D
U	Z	R	E	F	D	E	J	U	P	L	F	J	T	E
R	U	R	N	O	H	Q	E	W	H	L	R	F	P	R

"Space" Puzzle 10

Z	S	V	P	D	I	U	K	Z	U	T	Q	Q	Z	U
H	U	S	N	W	N	R	S	G	U	E	R	W	Z	Y
G	P	V	B	Z	R	P	L	A	N	E	T	K	F	Z
J	E	T	S	L	Z	I	N	D	M	P	E	Q	U	Q
R	R	J	N	T	A	O	D	O	Q	L	P	U	R	L
S	N	T	V	Z	R	C	N	Q	E	C	J	Z	S	L
C	O	M	E	T	H	O	K	J	K	Q	U	P	P	B
O	V	T	S	L	R	F	T	H	Y	G	P	M	A	B
L	A	A	N	T	E	F	P	L	O	A	I	N	C	S
I	G	V	S	L	H	S	Y	A	W	L	T	A	E	R
Y	N	A	F	F	N	G	C	G	S	A	E	X	S	R
O	X	G	V	V	F	K	G	O	H	X	R	T	H	A
T	P	G	C	A	O	Z	J	R	P	Y	B	S	I	T
N	V	L	G	V	Y	H	Y	W	N	E	V	E	P	L
A	Z	P	C	O	T	P	G	R	E	X	Z	D	M	S

"Red" Puzzle 11

V	P	X	U	L	Y	R	G	O	B	W	J	K	P	A
M	O	M	V	X	W	N	U	D	E	K	C	H	N	Q
M	A	U	M	E	Z	P	H	Y	E	I	T	P	L	H
J	O	R	D	M	F	I	R	E	T	R	U	C	K	H
G	U	E	D	L	K	R	A	S	G	Q	T	N	H	R
E	P	H	U	M	E	R	P	T	O	M	A	T	O	M
C	S	K	Z	H	S	I	P	R	S	Z	B	N	N	H
V	Q	Q	C	C	L	B	L	A	S	L	J	O	J	G
O	F	B	Z	B	K	V	E	W	A	O	C	A	R	K
P	V	V	L	K	M	J	S	B	C	L	R	R	B	B
O	P	J	D	C	C	V	D	E	E	Y	T	R	Q	P
F	N	Z	E	V	Y	G	C	R	I	M	S	O	N	N
F	X	Z	Y	B	A	O	M	R	U	T	J	S	I	A
I	H	K	F	Z	X	P	O	Y	L	B	R	E	X	S
T	X	D	E	C	H	W	S	U	O	J	Y	S	J	E

"Objects in a home," Puzzle 12

P	G	G	W	J	R	I	F	O	H	P	G	U	I	N
W	F	D	N	C	L	O	C	K	X	W	I	X	U	N
Q	T	T	M	B	H	T	T	R	H	I	A	O	R	D
S	K	R	E	F	S	A	O	E	Z	D	R	V	R	G
J	I	V	K	I	G	R	I	F	J	N	L	J	T	X
O	T	N	N	W	R	Z	L	R	O	H	Z	F	B	K
C	G	R	C	I	E	U	J	I	Y	Y	C	F	R	L
Y	W	A	M	T	F	F	S	G	U	Z	N	C	L	S
E	D	E	G	N	S	I	B	E	D	P	B	I	X	S
E	Q	E	E	R	V	Z	U	R	M	Z	M	N	V	C
Y	C	L	N	E	U	A	G	A	K	P	E	F	J	S
A	Q	E	L	S	K	K	L	T	A	B	L	E	E	O
J	N	E	F	S	J	B	O	O	K	S	H	E	L	F
P	T	A	N	V	F	N	P	R	X	X	C	F	C	A
U	Z	X	B	B	N	C	A	L	U	E	A	U	B	O

Words Search Solutions:

"Fear" Puzzle 13

K	P	C	E	Y	U	C	W	H	P	W	Q	P	W	D
H	C	D	L	P	K	P	P	S	G	M	Y	L	M	O
J	T	W	J	Q	C	L	Y	U	O	B	P	N	V	O
T	F	H	U	B	G	K	L	Q	U	R	T	I	X	T
U	Z	K	X	M	O	W	Q	S	K	T	E	G	G	D
T	F	F	A	O	V	I	O	T	D	J	R	H	A	O
B	V	M	P	H	O	B	I	A	Y	S	R	T	W	E
A	X	S	P	A	C	Z	E	R	N	Q	I	M	V	C
B	W	C	F	Y	N	R	L	T	U	X	F	A	N	B
O	O	V	F	P	D	I	I	L	F	H	I	R	X	E
T	E	X	Z	T	Z	L	C	E	J	W	E	E	Q	B
T	O	K	Y	U	M	M	E	B	D	G	D	H	T	K
K	D	A	Z	L	O	J	U	C	C	R	E	E	P	Y
M	C	Y	D	X	I	F	M	B	Y	W	A	U	Z	L
T	R	E	M	B	L	I	N	G	H	U	W	T	D	V

"Feelings" Puzzle 14

P	X	F	Z	C	C	L	S	U	C	A	U	S	U	E
K	S	B	J	C	G	B	N	H	G	E	N	R	S	E
V	H	K	I	R	E	V	O	C	V	U	X	I	S	D
G	D	L	P	W	X	O	C	O	M	E	R	S	G	N
K	J	Z	Z	P	C	B	L	N	P	P	Z	M	L	X
Q	L	J	U	J	I	Z	E	F	R	Z	M	Z	X	D
Y	V	L	R	T	T	D	A	U	M	M	O	U	A	Y
R	V	Y	T	I	E	T	S	S	R	V	R	F	V	E
N	T	T	N	A	M	T	U	I	N	E	N	G	B	E
E	K	V	V	L	E	Y	P	O	G	L	B	Q	J	W
R	D	F	C	O	N	T	E	N	T	M	E	N	T	G
E	G	G	H	S	T	S	A	D	N	E	S	S	A	H
E	A	J	N	L	T	U	C	G	M	S	Q	R	U	I
M	X	F	X	U	T	F	E	A	R	N	E	X	C	J
U	N	P	H	G	Z	I	E	W	G	J	O	Y	V	M

"Anger" Puzzle 15

B	E	W	G	N	O	M	M	I	K	C	I	L	K	O
M	X	Z	Z	N	T	V	J	D	Z	H	N	J	V	G
W	A	P	S	M	P	M	K	X	O	C	N	I	M	Q
T	S	X	N	P	R	A	O	C	V	M	H	B	H	Y
W	P	Z	A	I	R	R	I	T	A	T	I	O	N	F
R	E	F	M	U	M	J	W	V	Y	D	T	O	A	K
X	R	Z	L	I	S	P	J	A	N	G	E	R	N	C
U	A	G	G	R	A	V	A	T	I	O	N	X	N	R
U	T	S	T	S	U	G	F	T	O	F	S	M	O	B
P	I	C	I	T	R	H	D	Y	I	O	I	Q	Y	U
S	O	W	Z	R	R	Y	M	V	T	E	O	O	A	O
T	N	E	R	E	S	E	N	T	M	E	N	T	N	C
N	W	N	S	S	A	D	R	H	S	R	N	C	C	V
U	R	U	B	S	P	L	O	D	D	Y	Y	T	E	C
D	I	S	A	P	P	O	I	N	T	M	E	N	T	V

"Careers" Puzzle 16

M	A	W	B	T	B	Q	M	K	L	P	O	T	H	K
F	A	M	Z	P	E	O	A	R	T	I	S	T	H	K
H	D	B	V	Y	H	J	H	Y	E	I	H	J	N	K
Y	D	Z	A	W	O	U	T	D	T	A	C	G	P	X
G	I	X	L	F	Q	O	T	N	Y	S	G	R	E	B
D	Q	J	Z	B	D	R	E	E	P	N	V	Q	E	S
T	P	O	Z	A	O	I	S	N	A	R	S	M	A	Q
G	V	E	X	A	C	V	A	G	L	C	S	J	R	M
Q	C	U	A	S	T	A	P	I	P	Z	H	J	K	S
T	T	L	A	A	O	H	Y	N	F	I	R	E	W	N
A	M	P	D	Z	R	C	L	E	E	X	L	U	R	U
N	K	X	V	A	G	Z	H	E	L	F	Z	O	I	R
C	S	C	P	Y	N	C	C	R	T	S	X	V	T	B
U	F	I	F	W	N	L	A	W	Y	E	R	D	E	S
W	D	U	F	W	A	U	Y	S	E	B	O	T	R	R

Words Search Solutions:

"Pets" Puzzle 17

B	I	R	D	O	S	X	B	Z	C	G	E	J	T	L
S	N	A	K	E	Y	T	I	Z	U	D	K	A	K	S
F	A	B	C	J	E	Y	M	D	H	M	C	F	N	G
H	L	B	T	E	E	S	Q	O	C	E	X	K	T	S
G	U	I	N	E	A	P	I	G	B	Z	F	Y	I	J
O	D	T	Z	H	U	G	R	G	M	J	T	D	N	V
T	Y	V	E	A	Q	Z	E	U	C	N	H	G	U	U
H	K	H	F	M	R	T	O	Y	D	R	K	F	L	B
C	Y	S	I	S	W	D	Z	Q	C	R	U	I	W	W
I	F	T	N	T	G	B	W	O	L	X	Z	S	B	B
O	J	Y	W	E	U	P	H	L	S	P	X	H	G	C
T	Q	H	P	R	S	R	C	M	N	K	W	O	U	L
X	P	O	X	P	F	Y	T	Q	G	I	P	S	G	B
N	L	E	T	H	N	L	M	L	K	O	Z	T	U	M
O	R	R	V	D	K	S	R	W	E	V	Z	S	H	L

Find the Missing Vowels

Vowels are a fundamental component of speech sounds in human language. They are one of the two main categories of sounds, the other being consonants. In English, there are five primary vowel letters: ***A, E, I, O,*** *and* ***U.***

Vowels play a crucial role in forming the core of syllables and providing phonemic distinctions in languages. They are essential for intelligibility and contribute to the rhythm, stress, and melody of speech.

Find the Vowels

Fill in the blanks with the missing vowels:

> ***Hint:*** *Words have a connection to the "Fall."*

1.) __t_mn

2.) L__v_s

3.) H_rv_st

4.) Sw__t_r

5.) P_mpk_n

6.) Cr_sp

7.) _ppl_

8.) B_nf_r_

9.) H_ll_w__n

10.) C_zy

Solutions Page 39

Find the Vowels

Fill in the blanks with the missing vowels:

> ***Hint:*** *Words have a connection to the "cold."*

1.) Ch_lly

2.) Fr_st

3.) Sn_w

4.) _c_

5.) Fr__z_ng

6.) Sh_v_r

7.) W_nt_r

8.) _c_cl_

9.) Bl_zz_rd

10.) N_mb

Solutions Page 40

Find the Vowels

Fill in the blanks with the missing vowels:

> ***Hint:*** *Words have a connection to the "beach."*

1.) B__ch

2.) S_nd

3.) S_n

4.) W_v_s

5.) S__sh_lls

6.) _mbr_ll_

7.) Sw_ms__t

8.) S_nscr__n

9.) S__g_lls

10.) S_rfb__rd

Solutions Page 41

Find the Vowels

Fill in the blanks with the missing vowels:

> ***Hint:*** *Words are "zoo animals."*

1.) L__n

2.) _l_ph_nt

3.) G_r_ff_

4.) T_g_r

5.) M_nk_y

6.) K_ng_r__

7.) Z_br_

8.) P_ng__n

9.) G_r_ll_

10.) Cr_c_d_l_

Solutions Page 42

Find the Vowels

Fill in the blanks with the missing vowels:

> **Hint:** *Words are related to "verbs." A verb is a word or a part of speech that expresses an action, occurrence, or state of being.*

1.) R_n

2.) J_mp_d

3.) Sp__k

4.) __t

5.) Wr_t_

6.) D_nc_

7.) S_ng

8.) R__d

9.) Sl__p

10.) Th_nk

Solutions Page 43

Find the Vowels

Fill in the blanks with the missing vowels:

Solutions
Page 44

> ***Hint:*** *Words are related to "nouns." A noun is a word that represents a person, place, thing, or idea. Nouns are typically used as the subject or object of a sentence.*

1.) D_g

2.) C_r

3.) B__k

4.) Tr__

5.) C_mp_t_r

6.) Ch__r

7.) P_n

8.) S_n

9.) C_ff__

10.) Sh__s

Find the Vowels

Fill in the blanks with the missing vowels:

Solutions Page 45

Hint: *Words are related to "adjectives." An adjective is a word that describes or modifies a noun or pronoun. It provides more information about the quality, state, or characteristics of the noun it is associated with.*

1.) B___t_f_l

2.) H_ppy

3.) Br_v_

4.) _l_g_nt

5.) _nch_nt_ng

6.) G_ntl_

7.) P_w_rf_l

8.) Myst_r___s

9.) D_l_c___s

10.) V_br_nt

Find the Vowels

Fill in the blanks with the missing vowels:

> ***Hint:*** *Words are related to "travel."*

1.) _dv_nt_r_

2.) _xpl_r_

3.) J__rn_y

4.) W_nd_rl_st

5.) D_st_n_t__n

6.) P_ssp_rt

7.) B_ckp_ck

8.) _t_n_r_ry

9.) S_ghts___ng

10.) D_sc_v_ry

Solutions Page 46

Find the Vowels

A, E, I, O, U

Fill in the blanks with the missing vowels:

> ***Hint:*** *Words are related to "sports."*

1.) F__tb_ll

2.) B_sk_tb_ll

3.) S_cc_r

4.) T_nn_s

5.) Sw_mm_ng

6.) G_lf

7.) V_ll_yb_ll

8.) B_s_b_ll

9.) R_gby

10.) _thl_t_cs

Solutions Page 47

Find the Vowels

Fill in the blanks with the missing vowels:

> ***Hint:*** *Words are related to "space."*

1.) _str_n__t

2.) Pl_n_t

3.) G_l_xy

4.) C_m_t

5.) T_l_sc_p_

6.) Sp_c_sh_p

7.) S_p_rn_v_

8.) Bl_ck h_l_

9.) _str_n_m_r

10.) J_p_t_r

Solutions Page 48

Find the Vowels

A, E, I, O, U

Fill in the blanks with the missing vowels:

> ***Hint:*** *Words are objects that are the color "red."*

1.) R_by

2.) Ch_rry

3.) F_r_tr_ck

4.) Str_wb_rry

5.) R_s_

6.) _ppl_

7.) Cr_ms_n

8.) T_m_t_

9.) B__t

10.) L_pst_ck

Solutions Page 49

Find the Vowels

A, E, I, O, U

Fill in the blanks with the missing vowels:

> ***Hint:*** *Words are related to "objects in a "home."*

1.) Ch__r

2.) T_bl_

3.) L_mp

4.) S_f_

5.) T_l_v_s__n

6.) R_fr_g_r_t_r

7.) B_d

8.) Cl_ck

9.) B__ksh_lf

10.) M_rr_r

Solutions Page 50

Find the Vowels

Fill in the blanks with the missing vowels:

> ***Hint:*** *Words are connected to "feelings."*

1.) J_y

2.) S_dn_ss

3.) _ng_r

4.) L_v_

5.) F__r

6.) _xc_t_m_nt

7.) P__c_

8.) C_nf_s__n

9.) C_nt_ntm_nt

10.) S_rpr_s_

Find the Vowels

Fill in the blanks with the missing vowels:

> ***Hint:*** *Words are related to "fear."*

1.) Ph_b__

2.) T_rr_f__d

3.) _nx__ty

4.) Dr__d

5.) Tr_mbl_ng

6.) N_ghtm_r_

7.) P_n_c

8.) St_rtl_

9.) Cr__py

10.) Sp__ky

Solutions Page 52

Find the Vowels

Fill in the blanks with the missing vowels:

> ***Hint:*** *Words are associated with "careers."*

1.) D_ct_r

2.) _ng_n__r

3.) T__ch_r

4.) L_wy_r

5.) _rt_st

6.) Sc__nt_st

7.) Ch_f

8.) P_l_t

9.) Wr_t_r

10.) _thl_t_

Solutions Page 53

Find the Vowels

Fill in the blanks with the missing vowels:

> ***Hint:*** *Words are types of "pets."*

1.) D_g

2.) C_t

3.) F_sh

4.) B_rd

5.) R_bb_t

6.) H_mst_r

7.) G__n__p_g

8.) T_rtl_

9.) Sn_k_

10.) L_z_rd

Solutions Page 54

Find the Vowels

SOLUTIONS

Find the Vowels Solutions

Words with a connection to "Fall."

1.) Autumn

2.) Leaves

3.) Harvest

4.) Sweater

5.) Pumpkin

6.) Crisp

7.) Apple

8.) Bonfire

9.) Halloween

10.) Cozy

Find the Vowels Solutions

Words with a connection to the "cold."

1.) Chilly

2.) Frost

3.) Snow

4.) Ice

5.) Freezing

6.) Shiver

7.) Winter

8.) Icicle

9.) Blizzard

10.) Numb

Find the Vowels Solutions

Words with a connection to the "beach."

1.) Beach

2.) Sand

3.) Sun

4.) Waves

5.) Seashells

6.) Umbrella

7.) Swimsuit

8.) Sunscreen

9.) Seagulls

10.) Surfboard

Find the Vowels Solutions

Words related to "zoo animals."

1.) Lion

2.) Elephant

3.) Giraffe

4.) Tiger

5.) Monkey

6.) Kangaroo

7.) Zebra

8.) Penguin

9.) Gorilla

10.) Crocodile

Find the Vowels Solutions

Words related to "verbs."

1.) Run

2.) Jumped

3.) Speak

4.) Eat

5.) Write

6.) Dance

7.) Sing

8.) Read

9.) Sleep

10.) Think

Find the Vowels Solutions

Words related to "nouns."

1.) Dog

2.) Car

3.) Book

4.) Tree

5.) Computer

6.) Chair

7.) Pen

8.) Sun

9.) Coffee

10.) Shoes

Find the Vowels Solutions

Words related to "adjectives."

1.) Beautiful

2.) Happy

3.) Brave

4.) Elegant

5.) Enchanting

6.) Gentle

7.) Powerful

8.) Mysterious

9.) Delicious

10.) Vibrant

Find the Vowels Solutions

Words related to "travel."

1.) Adventure

2.) Explore

3.) Journey

4.) Wanderlust

5.) Destination

6.) Passport

7.) Backpack

8.) Itinerary

9.) Sightseeing

10.) Discovery

Find the Vowels Solutions

Words related to "sports."

1.) Football

2.) Basketball

3.) Soccer

4.) Tennis

5.) Swimming

6.) Golf

7.) Volleyball

8.) Baseball

9.) Rugby

10.) Athletics

Find the Vowels Solutions

Words related to "space."

1.) Astronaut

2.) Planet

3.) Galaxy

4.) Comet

5.) Telescope

6.) Spaceship

7.) Supernova

8.) Black hole

9.) Astronomer

10.) Jupiter

Find the Vowels Solutions

Words related to objects that are the color "red."

1.) Ruby

2.) Cherry

3.) Firetruck

4.) Strawberry

5.) Rose

6.) Apple

7.) Crimson

8.) Tomato

9.) Beet

10.) Lipstick

Find the Vowels Solutions

Words related to "objects in a home."

1.) Chair

2.) Table

3.) Lamp

4.) Sofa

5.) Television

6.) Refrigerator

7.) Bed

8.) Clock

9.) Bookshelf

10.) Mirror

Find the Vowels Solutions

Words connected to "feelings."

1.) Joy

2.) Sadness

3.) Anger

4.) Love

5.) Fear

6.) Excitement

7.) Peace

8.) Confusion

9.) Contentment

10.) Surprise

Find the Vowels Solutions

Words related to "fear."

1.) Phobia

2.) Terrified

3.) Anxiety

4.) Dread

5.) Trembling

6.) Nightmare

7.) Panic

8.) Startle

9.) Creepy

10.) Spooky

Find the Vowels Solutions

Words related to "careers."

1.) Doctor

2.) Engineer

3.) Teacher

4.) Lawyer

5.) Artist

6.) Scientist

7.) Chef

8.) Pilot

9.) Writer

10.) Athlete

Find the Vowels Solutions

Words related to "pets."

1.) Dog

2.) Cat

3.) Fish

4.) Bird

5.) Rabbit

6.) Hamster

7.) Guinea Pig

8.) Turtle

9.) Snake

10.) Lizard

Wrong Category

Find the word, or words that do not belong:

Wrong Category

Check the box for the word, or words that do not belong:

- [ ] Dog
- [ ] Hamster
- [ ] Cat
- [ ] Guinea pig
- [ ] Fish
- [ ] Tension
- [ ] Bird
- [ ] Snake
- [ ] Rabbit
- [ ] Stress

Solutions Page 63

Wrong Category

Check the box for the word, or words that do not belong:

- ☐ Lion
- ☐ Sweater
- ☐ Giraffe
- ☐ Harvest
- ☐ Elephant
- ☐ Kangaroo
- ☐ Zebra
- ☐ Penguin
- ☐ Gorilla
- ☐ Crocodile

Solutions Page 64

Wrong Category

Check the box for the word, or words that do not belong:

- ☐ Spooky
- ☐ Dance
- ☐ Run
- ☐ Sing
- ☐ Jumped
- ☐ Read
- ☐ Speak
- ☐ Sleep
- ☐ Eat
- ☐ Think

Solutions Page 65

Wrong Category

Check the box for the word, or words that do not belong:

- [ ] Chilly
- [ ] Beautiful
- [ ] Frost
- [ ] Ice
- [ ] Snow
- [ ] Shiver
- [ ] Happy
- [ ] Winter
- [ ] Freezing
- [ ] Icicle

Solutions Page 66

Wrong Category

Check the box for the word, or words that do not belong:

- [ ] Chair
- [ ] Television
- [ ] Table
- [ ] Mirror
- [ ] Lamp
- [ ] Bed
- [ ] Seagulls
- [ ] Clock
- [ ] Sofa
- [ ] Bookshelf

Solutions Page 67

Wrong Category

Check the box for the word, or words that do not belong:

- [ ] Joy
- [ ] Sadness
- [ ] Anger
- [ ] Love
- [ ] Fear
- [ ] Run
- [ ] Jumped
- [ ] Excitement
- [ ] Peace
- [ ] Confusion

Solutions Page 68

Wrong Category

Check the box for the word, or words that do not belong:

- [ ] Beach
- [ ] Panic
- [ ] Phobia
- [ ] Terrified
- [ ] Anxiety
- [ ] Dread
- [ ] Trembling
- [ ] Nightmare
- [ ] Sand
- [ ] Startle

Solutions Page 69

Wrong Category

Check the box for the word, or words that do not belong:

- [ ] Beach
- [ ] Umbrella
- [ ] Sand
- [ ] Swimsuit
- [ ] Sun
- [ ] Sunscreen
- [ ] Waves
- [ ] Anger
- [ ] Seashells
- [ ] Love

Solutions
Page 70

Wrong Category

SOLUTIONS

Wrong Category

Solutions

- [ ] Dog
- [ ] Hamster
- [ ] Cat
- [ ] Guinea pig
- [ ] Fish
- [x] Tension
- [ ] Bird
- [ ] Snake
- [ ] Rabbit
- [x] Stress

Wrong Category

Solutions

- [ ] Lion
- [x] Sweater
- [ ] Giraffe
- [x] Harvest
- [ ] Elephant
- [ ] Kangaroo
- [ ] Zebra
- [ ] Penguin
- [ ] Gorilla
- [ ] Crocodile

Wrong Category

Solutions

- [x] Spooky
- [ ] Dance
- [ ] Run
- [ ] Sing
- [ ] Jumped
- [ ] Read
- [ ] Speak
- [ ] Sleep
- [ ] Eat
- [ ] Think

Wrong Category

Solutions

- [ ] Chilly
- [ ] Frost
- [ ] Snow
- [x] Happy
- [ ] Freezing
- [x] Beautiful
- [ ] Ice
- [ ] Shiver
- [ ] Winter
- [ ] Icicle

Wrong Category

Solutions

- [ ] Chair
- [ ] Table
- [ ] Lamp
- [x] Seagulls
- [ ] Sofa
- [ ] Television
- [ ] Mirror
- [ ] Bed
- [ ] Clock
- [ ] Bookshelf

Wrong Category

Solutions

- [ ] Joy
- [ ] Sadness
- [ ] Anger
- [ ] Love
- [ ] Fear
- [x] Run
- [x] Jumped
- [ ] Excitement
- [ ] Peace
- [ ] Confusion

Wrong Category

Solutions

- [x] Beach
- [ ] Dread
- [ ] Panic
- [ ] Trembling
- [ ] Phobia
- [ ] Nightmare
- [ ] Terrified
- [x] Sand
- [ ] Anxiety
- [ ] Startle

Wrong Category

Solutions

- [ ] Beach
- [ ] Sand
- [ ] Sun
- [ ] Waves
- [ ] Seashells
- [ ] Umbrella
- [ ] Swimsuit
- [ ] Sunscreen
- [x] Anger
- [x] Love

Complete the Sentence

Complete the Sentences

Select the word that completes each sentence:

1.) The ***(?)*** painted a beautiful landscape using vibrant colors.

☐ Artist ☐ Chef ☐ Lawyer ☐ Writer ☐ Teacher

2.) The ***(?)*** trained hard and won the gold medal in the race.

☐ Engineer ☐ Pilot ☐ Athlete ☐ Writer ☐ Teacher

3.) The ***(?)*** crafted an engaging story that captivated readers.

☐ Teacer ☐ Scientist ☐ Athlete ☐ Writer ☐ Chef

4.) The ***(?)*** skillfully landed the plane during a thunderstorm.

☐ Pilot ☐ Scientist ☐ Lawyer ☐ Chef ☐ Writer

Solutions Page 79

Complete the Sentences

Select the word that completes each sentence:

1.) ***(?)*** is a season filled with vibrant colors.

☐ Autumn ☐ sweater ☐ Harvest ☐ Cozy ☐ Bonfire

2.) The ***(?)*** on the trees turned golden and red.

☐ Crisp ☐ Cozy ☐ Leaves ☐ Pumpkin ☐ Autumn

3.) The ***(?)*** worked hard to harvest the crops from the fields.

☐ Pumpkin ☐ Sweater ☐ Farmer ☐ Cozy ☐ Autumn

4.) ***(?)*** is a time for costumes, candy, and fun.

☐ Cozy ☐ Sweater ☐ Leaves ☐ Fall ☐ Halloween

Solutions Page 80

Complete the Sentences

Select the word that completes each sentence:

1.) I felt overwhelming ***(?)*** when I received the good news.

☐ Anger ☐ Love ☐ Joy ☐ Fear ☐ Confusion

2.) **(?)** filled his eyes while watching the scary movie.

☐ Fear ☐ Love ☐ Sadness ☐ Peace ☐ surprise

3.) ***(?)*** filled the room as the argument escalated.

☐ Anger ☐ Love ☐ Joy ☐ Surprise ☐ Peace

4.) ***(?)*** gripped her as she walked alone in the dark.

☐ Sadness ☐ Joy ☐ Love ☐ Fear ☐ Confusion

Solutions Page 81

Complete the Sentences

Select the word that completes each sentence:

1.) The ***(?)*** was shining brightly in the clear blue sky.

☐ Sun ☐ Pen ☐ Shoes ☐ dog ☐ Car

2.) I drove my ***(?)*** to work this morning.

☐ Car ☐ Chair ☐ Tree ☐ Shoes ☐ Sun

3.) She sat by the window, engrossed in a ***(?)***.

☐ Pen ☐ Book ☐ Chair ☐ Dog ☐ Car

4.) The little boy no longer fit into his ***(?)***.

☐ Coffee ☐ Shoes ☐ Book ☐ Chair ☐ Computer

Solutions Page 82

Complete the Sentences

Select the word that completes each sentence:

1.) She was *(?)* to receive a thoughtful gift from her friend.

☐ Brave ☐ Happy ☐ Beautiful ☐ Vibrant ☐ Enchanting

2.) The **(?)** firefighter rushed into the burning building.

☐ Brave ☐ Gentle ☐ Happy ☐ Powerful ☐ delicious

3.) He approached the timid puppy with a **(?)** *touch.*

☐ Sad ☐ Happy ☐ Vibrant ☐ Brave ☐ Gentle

4.) The *(?)* storm caused widespread damage.

☐ Brave ☐ Sad ☐ Powerful ☐ Vibrant ☐ Happy

Solutions Page 83

Complete the Sentences

Select the word that completes each sentence:

1.) (?) winds brought frost, coating everything in a glimmering layer of ice.

☐ Shiver ☐ Frost ☐ Icicle ☐ Snow ☐ Chilly

2.) (?) fell, transforming the landscape into a winter wonderland.

☐ Ice ☐ Snow ☐ Winter ☐ Frost ☐ Blizzard

3.) Carefully treading on the (?) lake, we heard the ice crack beneath our feet.

☐ Frozen ☐ Winter ☐ Chilly ☐ Numb ☐ Cold

4.) Despite the (?) weather, the kids enthusiastically built snowmen in the yard.

☐ Cold ☐ Snow ☐ Shiver ☐ Frozen ☐ Icicle

Solutions Page 84

Complete the Sentences

Select the word that completes each sentence:

1.) At the **(?)**, the warm sun embraced us as we played in the sand.

☐ Beach ☐ Sun ☐ Waves ☐ Sand ☐ Surf

2.) The gentle **(?)** lapped against the shore, creating a soothing rhythm.

☐ Sand ☐ Waves ☐ Wind ☐ Beach ☐ Boat

3.) Kids built sandcastles and enjoyed the warm **(?)** on a perfect beach day.

☐ Bucket ☐ Waves ☐ Seashells ☐ Surf ☐ Sun

4.) The beauty of the beach was enhanced by the golden **(?)** and sparkling waves.

☐ Waves ☐ Sand ☐ Water ☐ Unbrella ☐ Clouds

Solutions Page 85

Complete the Sentences

Select the word that completes each sentence:

1.) The playful **(?)** chased its tail around the backyard.

☐ Dog ☐ Bird ☐ Cat ☐ Hamster ☐ pig

2.) A graceful **(?)** purred contentedly as it napped on the windowsill.

☐ Dog ☐ Bird ☐ Cat ☐ Snake ☐ Fish

3.) Colorful **(?)** swam gracefully in the aquarium, mesmerizing everyone.

☐ Hamster ☐ Cat ☐ Fish ☐ Snake ☐ Bird

4.) The cheerful **(?)** chirped happily from its perch in the tree.

☐ Turtle ☐ Dog ☐ Bird ☐ Lizard ☐ Rabbit

Solutions Page 86

Complete the Sentence

SOLUTIONS

Complete the Sentences

Solutions

1.) The *(?)* painted a beautiful landscape using vibrant colors.

☑ Artist ☐ Chef ☐ Lawyer ☐ Writer ☐ Teacher

2.) The *(?)* trained hard and won the gold medal in the race.

☐ Engineer ☐ Pilot ☑ Athlete ☐ Writer ☐ Teacher

3.) The *(?)* crafted an engaging story that captivated readers.

☐ Teacer ☐ Scientist ☐ Athlete ☑ Writer ☐ Chef

4.) The *(?)* skillfully landed the plane during a thunderstorm.

☑ Pilot ☐ Scientist ☐ Lawyer ☐ Chef ☐ Writer

Complete the Sentences

Solutions

1.) *(?)* is a season filled with vibrant colors.

- [x] Autumn
- [ ] sweater
- [ ] Harvest
- [ ] Cozy
- [ ] Bonfire

2.) The *(?)* on the trees turned golden and red.

- [ ] Crisp
- [ ] Cozy
- [x] Leaves
- [ ] Pumpkin
- [ ] Autumn

3.) The *(?)* worked hard to harvest the crops from the fields.

- [ ] Pumpkin
- [ ] Sweater
- [x] Farmer
- [ ] Cozy
- [ ] Autumn

4.) *(?)* is a time for costumes, candy, and fun.

- [ ] Cozy
- [ ] Sweater
- [ ] Leaves
- [ ] Fall
- [x] Halloween

Complete the Sentences

Solutions

1.) I felt overwhelming ***(?)*** when I received the good news.

- [ ] Anger
- [ ] Love
- [x] Joy
- [ ] Fear
- [ ] Confusion

2.) **(?)** filled his eyes while watching the scary movie.

- [x] Fear
- [ ] Love
- [ ] Sadness
- [ ] Peace
- [ ] surprise

3.) ***(?)*** filled the room as the argument escalated.

- [x] Anger
- [ ] Love
- [ ] Joy
- [ ] Surprise
- [ ] Peace

4.) ***(?)*** gripped her as she walked alone in the dark.

- [ ] Sadness
- [ ] Joy
- [ ] Love
- [x] Fear
- [ ] Confusion

Complete the Sentences

Solutions

1.) The ***(?)*** was shining brightly in the clear blue sky.

☑ Sun ☐ Pen ☐ Shoes ☐ dog ☐ Car

2.) I drove my ***(?)*** to work this morning.

☑ Car ☐ Chair ☐ Tree ☐ Shoes ☐ Sun

3.) She sat by the window, engrossed in a ***(?).***

☐ Pen ☑ Book ☐ Chair ☐ Dog ☐ Car

4.) The little boy no longer fit into his ***(?).***

☐ Coffee ☑ Shoes ☐ Book ☐ Chair ☐ Computer

Complete the Sentences

Solutions

1.) She was *(?)* to receive a thoughtful gift from her friend.

- [ ] Brave
- [ ] Vibrant
- [ ] Beautiful
- [x] Happy
- [ ] Enchanting

2.) The **(?)** firefighter rushed into the burning building.

- [ ] Powerful
- [ ] Gentle
- [ ] Happy
- [x] Brave
- [ ] delicious

3.) He approached the timid puppy with a **(?)** *touch.*

- [ ]
- [ ] Happy
- [ ] Vibrant
- [ ] Brave
- [x] Gentle

4.) The *(?)* storm caused widespread damage.

- [ ] Brave
- [ ] Sad
- [x] Powerful
- [ ] Vibrant
- [ ] Happy

Complete the Sentences

Solutions

1.) (?) winds brought frost, coating everything in a glimmering layer of ice.

- [ ] Shiver
- [ ] Frost
- [ ] Icicle
- [ ] Snow
- [x] Chilly

2.) (?) fell, transforming the landscape into a winter wonderland.

- [ ] Ice
- [x] Snow
- [ ] Winter
- [ ] Frost
- [ ] Blizzard

3.) Carefully treading on the (?) lake, we heard the ice crack beneath our feet.

- [x] Frozen
- [ ] Winter
- [ ] Chilly
- [ ] Numb
- [ ] Cold

4.) Despite the (?) weather, the kids enthusiastically built snowmen in the yard.

- [x] Cold
- [ ] Snow
- [ ] Shiver
- [ ] Frozen
- [ ] Icicle

Complete the Sentences

Solutions

1.) At the **(?)**, the warm sun embraced us as we played in the sand.

- [x] Beach
- [ ] Sun
- [ ] Waves
- [ ] Sand
- [ ] Surf

2.) The gentle **(?)** lapped against the shore, creating a soothing rhythm.

- [ ] Sand
- [x] Waves
- [ ] Wind
- [ ] Beach
- [ ] Boat

3.) Kids built sandcastles and enjoyed the warm **(?)** on a perfect beach day.

- [ ] Bucket
- [ ] Waves
- [ ] Seashells
- [ ] Surf
- [x] Sun

4.) The beach's beauty was enhanced by the golden **(?)** and sparkling water.

- [ ] Waves
- [x] Sand
- [ ] Water
- [ ] Unbrella
- [ ] Clouds

Complete the Sentences

Solutions

1.) The playful (?) chased its tail around the backyard.

☑ Dog ☐ Bird ☐ Cat ☐ Hamster ☐ pig

2.) A graceful (?) purred contentedly as it napped on the windowsill.

☐ Dog ☐ Bird ☑ Cat ☐ Snake ☐ Fish

3.) Colorful (?) swam gracefully in the aquarium, mesmerizing everyone.

☐ Hamster ☐ Cat ☑ Fish ☐ Snake ☐ Bird

4.) The cheerful (?) chirped happily from its perch in the tree.

☐ Turtle ☐ Dog ☑ Bird ☐ Lizard ☐ Rabbit

Thank you!

ChamRocks Designs

Made in United States
Cleveland, OH
26 February 2025

14697694R00057